Heidemarie Schwermer

WUT!

Abschied von der Demut

BOD

Bibliografische Information der Deutschen Nationalbibliothek: Die Deutsche Nationalbibliothek verzeichnet diese Publikation in der Deutschen Nationalbibliografie; detaillierte bibliografische Daten sind im Internet über http://dnb.dnb.de abrufbar.

1.Auflage
©2017 Heidemarie Schwermer / NOS-Design
Illustration: Natalia O.Schwermer-NOS-Design
Herstellung und Verlag: BoD- Books on Demand, Norderstedt

ISBN: 9783743192324

www.HeidemarieSchwermer.com
_____
Printed in Germany

INHALTSVERZEICHNIS

Einleitung 7

Vorwort 8

Gefühle der Wut 11

Gewalt in einer Beziehung 18

Meine Träume 24

Auseinandersetzung 33

Ich kann mich wehren! 36

Begegnung mit meiner Mutter 39

Tabu 46

Ralf 48

Sehnsucht 49

Kumpel 51

Mein Vater 57

Meine Kinder 61

Knoten im Bauch 64

Selbstverwirklichung 68

Ein Jahr später 71

EINLEITUNG

Nachdem Heidemarie Schwermer im März 2016 nach einer langen Krankheit im Alter von 74 Jahren von uns gegangen ist, haben wir dieses Buch als Nachlass in einem Karton gefunden.

Da Heidemarie seit 1996 mit viel Erfolg ohne Besitz, Wohnung und Geld gelebt hat, gab es vor dieser Zeit wichtige Entwicklungsphasen in ihrem Leben, die diesen Lebensstil mit gesundem Selbstbewusstsein ermöglicht haben.

Als sie 1984 42 Jahre alt wurde, merkte sie, dass sie gründlich an sich selbst arbeiten muss, wenn sie ihre langjährigen, auferlegten Fesseln lösen will. Damals wusste sie noch nicht, wohin sie diese Entwicklung führen wird. Sie schreibt in diesem Buch offen über den harten Kampf mit sich selber und anderen, als sie plötzlich merkt, dass Gefühle wie Wut und Trauer auch ein Recht in ihrem Leben haben. Sie erzählt von ihren mühseligen Beziehungen zu Männern (die Namen sind geändert worden), ihr widersprüchliches Verhalten und von ihren großen Verwandlungen, als sie sich endlich erlaubt sich selbst zu sein.

VORWORT

Seit Jahren türmen sich meine neuen Erkenntnisse, die ich zu Papier bringe, in meinen Schubladen. Seit Jahren überlege ich, ob ich mit meinen Erkenntnissen an die Öffentlichkeit gehen soll. Es gibt schon soviel neue Frauenliteratur!

Meine Gedanken stehen sicher schon irgendwo. Vielleicht sind sie auch gar nicht interessant genug! Was soll's also?

Aber dann spreche ich mit einer Freundin, die mir ihre Probleme im Beruf oder zu Hause mitteilt. Ich kenne die Situation genau, merke, wie sich ähnliche Situationen ständig wiederholen, sehe, dass es frauenspezifische Verhaltensweisen gibt und möchte allen Frauen zurufen: „Legt eure Demut ab! Lasst euch nicht unterkriegen!"

Heute Morgen ging ich in die Stadt und traf eine Freundin, die ich schon lange nicht mehr gesehen hatte. Beinahe wäre sie an mir vorbeigelaufen, weil sie mich kaum wiedererkannt hat. Ich erlebe es oft, dass Bekannte eine Veränderung an mir feststellen, dass sie aber nicht wissen, was es ist.

Das Wort „Selbstverwirklichung" ist schon sehr abgedroschen, aber mir fällt kein besseres ein. Ich bin auf dem Weg der Selbstverwirklichung! Ich werde Menschin, lerne, Verantwortung für mich zu übernehmen. Zu der Menschwerdung gehört die Freimachung der verschütteten Gefühle. „Negative" Gefühle wie Wut, Trauer, Angst, habe ich meistens verdrängt oder verleugnet. Jetzt bin ich dabei, sie erstmal wahrzunehmen und dann auch noch zu akzeptieren. An manchen Tagen glaube ich, es geschafft zu haben. Dann fühle ich ich mich stark und in mir ruhend, aber es gibt auch Tage, an denen ich mir nicht traue, rückfällig werde in meiner Verhaltensweise und mit mir hadere.

Ich will mich also nicht als fertige Persönlichkeit hinstellen, sondern ich will versuchen, ein Stück meines neuen Weges zu beschreiben. Weil ich merke, wie farbig und lebendig und somit lebenswerter mein Leben geworden ist.

Das wichtigste Gefühl, das ich im Laufe eines Jahres entdeckt und aufgedeckt habe, ist die Wut. In diesem Buch habe ich in Tagebuchform festgehalten, wie ich zu meiner Wut gekommen bin und was mir zu ihr alles eingefallen ist.

GEFÜHLE DER WUT

24.1.84

In mir wühlt und rumort es! Ich bin noch nicht ganz sicher, was das für Gefühle sind. Mein Körper fühlt sich schwer an, mein Atem ist kurz und presst sich stoßweise aus mir heraus. Auf meinen Augen liegt ein Druck, und sie würden sich am liebsten schließen. Ich hasse es, wenn ich nicht topfit bin. Meistens achte ich darauf, dass ich ausgeglichen bin, aber heute will mir das nicht gelingen.

Ich spüre Unmut, Ärger, ich spüre Wut!

Es wäre besser, mir heute nicht zu begegnen, denn noch weiß ich nicht, gegen wen sich meine Wut richtet. Ich weiß nicht einmal, was das für eine Wut ist, und wo sie herkommt. Sie hat mich einfach überfallen, war plötzlich da, ohne bei mir anzufragen, ob sie gelegen kommt. Noch hasse ich sie und möchte, dass sie genauso lautlos wie sie gekommen ist wieder verschwindet. Schließlich habe ich 40 Jahre ohne Wut gelebt!! 40 Jahre oder genau 42 Jahre, denn vor einer Woche bin ich 42 Jahre alt geworden- also 42 Jahre ohne Wut!

Was bedeutet das? Wie kann eine Mensch solange ohne Wut leben? Das gibt es doch gar nicht! Jeder ist doch mal wütend! Sicher habe ich mich oft über dieses oder jenes geärgert, aber ich habe das nicht zeigen können. Vielmehr habe ich mich zurückgezogen und im stillen Kämmerlein geweint, aber auch in aller Öffentlichkeit, weil ich's anders nicht aushielt. Meistens habe ich mir alles gefallen lassen. Pfui Deibel!

Ich war sehr handlich, war kein Hindernis, eine freundliche und hilfsbereite Person!

Ich merke, wie ich mich langsam anfreunde mit meiner Wut. Ich begrüße dich, du neues, lang verschüttetes Gefühl! Du bist zwar im Moment noch etwas ungeordnet, scheinst falsch platziert. Aber du bist da, und ich will dich annehmen. Ich weiß noch nicht, wie ich mit dir umgehen soll, ob ich dich nicht lieber verdrängen soll? Wenigstens zeitweise, um keine Unannehmlichkeiten zu bekommen. Nein, nein, hab keine Angst, ich verjage dich nicht wieder. Du bist da, und ich sage ja zu dir, egal, wie es mit uns beiden weitergeht.

Während ich mit dir spreche, Wut, merke ich, wie ich ruhiger werde, wie ich keine Angst mehr vor dir habe.

Ich kann dir offen ins Auge sehen. Ich kann dich fühlen. Du sollst meine Freundin sein. Mit dir möchte ich mich vertraut machen, dich will ich zulassen, wenn du mich besuchen möchtest. Es tut mir leid, dass ich dich solange übersehen habe. Weißt du, ich durfte dich nicht schön finden, weil du für alle Welt hässlich warst. Bis jetzt habe ich geglaubt, du seist ein hässliches, unansehnliches Ungeheuer. Du musstest einfach versteckt werden. Mit dir konnte ich mich nicht schmücken. Warum habe ich bis heute nicht gemerkt, dass ich ohne Wut schutzlos bin?

Um der Sache auf den Grund zu gehen, muss ich sehen, was in meiner Erziehung abgelaufen ist, dass mir eins der wichtigsten, der lebenswichtigsten Gefühle einfach abhanden gekommen ist.

Mitten in der Kriegszeit bin ich geboren. Als ich zwei Jahre alt war, begaben wir uns auf die Flucht. Wochenlang waren wir mit Pferdewagen und Eisenbahn unterwegs. Wir Kinder müssen damals die Gefahr sehr deutlich gespürt haben, denn keiner von uns- immerhin waren wir vier an der Zahl- hat aufgemuckt. Meine Mutter konnte trotz des Leids, das sie auf der Flucht ertragen musste, wenigstens stolz auf ihre Kinder sein.

In unserer neuen Heimat haben wir dann jahrelang in einer winzigen Wohnung gelebt und mussten besonders leise und lieb sein. Schließlich waren wir nur Flüchtlinge und hatten uns darum vorbildlich zu benehmen.

An eine Trotzphase oder ähnliches kann ich mich nicht erinnern. Ich kann mich auch nicht dran erinnern, dass meine Mutter oder mein Vater besonders streng mit mir gewesen sind. Das war bei mir gar nicht nötig. Ich wiedersprach nicht, kann mich auch nicht daran erinnern, in meiner Pubertät besonders aufmüpfig gewesen zu sein. Woran ich mich aber sehr gut erinnern kann, ist die Tatsache, dass ich ständig weinen musste. Das beunruhigte damals keinen. Ich war halt ein besonders empfindliches kleines Mädchen, eine Heulsuse, sagten meine Brüder. Ich habe mich für die ständige Weinerei maßlos geschämt, auch als erwachsene Frau, aber damals konnte ich nichts dagegen tun.

Zu meiner Heulerei kamen die unkontrollierten Lachanfälle, die genauso peinlich waren. Oft kam es vor, dass meine Lachanfälle mit einem Weinen endeten, weil ich anders damit nicht umgehen konnte. Inzwischen weiß ich, dass beides - das Weinen und das

Lachen- in vielen Fällen für meine ungelebten Gefühle wie Wut und Zorn herhalten mussten.

Ich erinnere mich an eine Situation, in der ich meine Mutter mit meinem Lachen so reizte, dass sie sehr böse auf mich wurde. Einmal hatte ich eine Tür zu laut zugemacht. Meine Mutter hatte sich darüber geärgert und verlangte von mir, dass ich diese Tür noch einmal leise schließen sollte. Wir standen beide vor der Tür, und mir muss wohl wohl die Situation ziemlich entwürdigend vorgekommen sein. Statt das zu äußern, fing ich an zu lachen. Dabei schloss ich die Tür ein zweites Mal. Meine Mutter ärgerte sich so über das Lachen, dass sie mich die Prozedur mit dem Türenschliessen solange wiederholen ließ, bis ich schließlich „klein beigab" und anfing zu weinen.

Diese Episode liegt über 30 Jahre zurück, es gibt noch mehr Beispiele dieser Art. Anstatt meinen Ärger zu benennen, habe ich mich durch das Lachen zur Wehr gesetzt oder durch das Weinen resigniert. Meine wirklichen Gefühle wagte ich nicht rauszulassen.

Weißt du, Wut, meine neue Freundin, ich fühle mich sehr wohl mit dir. Vorhin habe ich ein Seminar an der Hochschule mitgemacht, in dem wir verschiedene

Beziehungsebenen zwischen Mann und Frau darstellen sollten. Von Anfang an hatte ich eine fürchterliche Vorstellung:

Ich wollte den Mann am Boden sehen, einen Frauenfuß im Genick! Es dauerte eine Weile, bis ich diese Idee den anderen mitteilen konnte. Zuerst schämte ich mich ein bisschen. Doch dann erinnerte ich mich an dich. Ich wollte dich nicht schon wieder verleugnen. 42 Jahre sind genug!

Ich war noch nie eine Männerfeindin, konnte die Auseinandersetzungen der emanzipierten Frauen nicht nachvollziehen. Wie sollte ich auch! Ich kann nicht leugnen, dass ich viel Leid durch meine Beziehungen zu Männern erfahren habe. Oft war ich verletzt und beschämt, ja, ich war sehr häufig beschämt und wäre am liebsten im Erdboden verschwunden. Aber wütend war ich nicht. Hätte ich wütend sein können, wäre mir viel erspart geblieben. Z.B. meine Ehe, oder wenigstens ein Teil meiner Ehe. Wie konnte ich fünf Jahre lang mit einem Mann zusammenleben, der mich immer wieder geschlagen hat! Sobald er sich weinend bei mir hinterher entschuldigte, vergaß ich meinen Schmerz und konnte ihm verzeihen. Anstatt ihn davonzujagen, verzieh ich ihm und litt. Beschämt ging ich zur Arbeit, ahnte ich doch, dass alle Nachbarn und die Arbeitskollegen von meinem Schicksal wussten. Täglich erlitt ich die Isolation, in die mich meine Ehe gebracht hatte. Ich mied die Menschen, hatte keine Freunde, wollte niemanden in meine Wohnung lassen. Statt freundschaftlicher Gespräche, Zuneigung und Entspannung gab es bei mir nur Krach, Kindergeschrei und Geschluchze. Damals habe ich jeden Tag herzzerreißend geweint. Ich habe geweint und alles ertragen!

Siehst du, Wut, dass du mir damals gefehlt hast? Mich haben später meine Freundinnen gefragt, warum ich mir solange soviel hab gefallen lassen. Damals wusste ich das nicht. Ich schämte mich maßlos vor meinen Freundinnen, aber ich konnte ihre Fragen nicht beantworten. Heute weiß ich, dass du es warst, die mir gefehlt hat. Ohne dich war ich handlungsunfähig. Jetzt schäme ich mich nicht mehr für damals. Ich kann auch drüber reden, ohne gleich tausend Entschuldigungen parat zu haben. Weil ich heute weiß, was bei mir damals falsch gelaufen ist, trage ich meinen Kopf trotz der entwürdigenden Erlebnisse hoch.

GEWALT IN EINER BEZIEHUNG

25.1.84

Ich weiß, dass es viele Ehen bei uns gibt, in denen die Frauen geschlagen werden. Ich habe auch schon oft von nicht betroffenen Frauen gehört: „Wenn mir das passieren sollte, wüsste ich sofort, was ich zu tun hätte." Aber wie viele Frauen gibt es, die immer wieder zu ihren schlagenden Männern zurückkehren? Wenn sie es nicht mehr aushalten können, weinen sie sich in den bestehenden Frauenhäusern oder bei ihren Freundinnen aus. Sie nehmen sich vor, sich diesmal von ihrem Peiniger zu trennen und kehren dann doch wieder zu ihm zurück. Mir selber ist es so gegangen.

Einmal hatte ich mich ganz fest dazu entschlossen, meinen damaligen Mann wegzuschicken. Zur Unterstützung für dieses Vorhaben bestellte ich mir meinen Bruder. Alles war geregelt und klar. Wir hatten alles miteinander abgesprochen. Aber als mein Mann dann anfing, mir Besserung zu versprechen, als er weinte und mich anflehte, bei ihm zu bleiben, wurde ich wieder weich. Mein Bruder hat mir diese Sinnesänderung sehr übel genommen. Er konnte mich nicht verstehen, und ich habe mich auch geschämt für meinen Wankelmut. Die damalige Haltung hat viel mit der Demut zu tun, von der ich anfangs sprach.

Wir Frauen haben gelernt- schon seit Jahrhunderten- zu erdulden und zu schlucken. Die Mutter verzichtet zugunsten ihrer Kindern, sie stellt keine Ansprüche. Die Töchter übernehmen die Haltung der Mutter, sind bescheidener und anspruchsloser als ihre Brüder. Da sie es nicht gelernt haben, Bedürfnisse zu melden, eignen sie sich sehr gut dazu, die Bedürfnisse anderer zu erfüllen.

Vor meiner Ehe hätte ich nicht für möglich gehalten, dass ich in der Lage sein würde, so viele Schmerzen aus zu halten. Ich gehörte nämlich auch zu den Frauen, die sagten, das sie schon wüssten, was sie täten, wenn ihr Mann gewalttätig sein werden würde. Die Trennung ist mir nur gelungen, weil ich an die Kinder dachte, weil ich daran dachte, welchen Schaden sie nehmen würden, wenn sie in so einer Familie groß werden würden. Nicht ich war wichtig, sondern meine Kinder. Inzwischen weiß ich, dass ich da keine Ausnahme bin. Ich will nicht behaupten, dass alle Frauen so gehandelt hätten wie ich, aber doch ein großer Teil, und das finde ich erschreckend.

Heute Morgen geht es mir nicht schlecht. In mir wütet es nicht so wie gestern, aber ich bin bereit, sofort auch unschöne Gefühl anzunehmen, falls sie sich melden sollten. Ich will in Zukunft *alle* Gefühle annehmen, nicht nur die hübschen, ansehnlichen.

Gestern habe ich mich noch gegen mein neues Gefühl gesträubt, auch mein schlaffer Körper kam mir nicht gelegen. Nachdem ich aber Zwiesprache mit meiner Wut gehalten habe, nachdem ich ihr mitgeteilt habe, dass sie mir von jetzt an willkommen sei, fühlte ich mich viel besser. Mein träger Körper durfte sich langsamer als sonst bewegen und wurde trotzdem nicht abgelehnt. Plötzlich ging es mir wieder besser, weil ich nicht krampfhaft versuchte, gute Laune zu haben.

Auch die Entrüstung der Kommilitonen bei der erwähnten Übung konnte ich ertragen. Auf die Bemerkung „du bist ja aggressiv!", antwortete ich gelassen "Ja, das bin ich auch!"

Es ist ein wahnsinniges Gefühl, offen zu sein, nichts verstecken zu müssen. Je mehr ich über meine „hässlichen" Gefühle nachdenke, desto mehr merke ich, dass sie früher auch da waren, dass ich aber immer bemüht war, sie zu verstecken, so wie ich das in der kleinen Wohnung in der Nachkriegszeit gelernt hatte.

Genau vor drei Jahren begann ich mein neues Leben. Drei Jahre intensiver Arbeit an mir war notwendig, um an das abgeklemmte Gefühl der Wut heranzukommen. Dieser Weg war verstellt durch große Hindernisse, die mir den Zugang zu mir fast verbauten.

Vor drei Jahren ging es mir sehr schlecht. Ich fühlte mich plötzlich mit meinem Haushalt, meinen beiden Kindern, und meinem Beruf (ich war Lehrerin) überfordert. Was ich jahrelang widerspruchslos geleistet hatte, wurde mir plötzlich zur Qual. Alles wuchs mir über den Kopf. Besonders die Schule machte mir zu schaffen. Ich überlegte, warum ich Lehrerin geworden war. Beim Abitur waren wir zwölf Schülerinnen, von denen neun Lehrerinnen wurden. Für mich hatte schon lange festgestanden, dass ich nichts anderes werden würde. Das Lehrerstudium war das billigste und kürzeste Studium. So brauchte ich meinen Eltern nicht zu lange auf der Tasche zu liegen. Außerdem sollte ich die Familientradition fortführen. Meine Vorfahren waren nämlich seit dem 17. Jahrhundert Lehrer gewesen. Nun gab es außer mir niemanden, der diese Tradition weiterführen würde. Es war also klar, dass ich diese Aufgabe übernahm. Ich machte meine erste Lehrerprüfung und bekam sofort eine Lehrerstelle. Voller Idealismus – ich wollte meine Arbeit gut machen- stürzte ich mich in meinen Beruf. Aber schon bald musste ich feststellen, dass die Praxis ganz anders aussah als die Theorie.

Die Kinder wurden damals mit starkem Druck erzogen. Meine Schüler waren es gewohnt, ab und zu eine Tracht Prügel von ihren Eltern zu beziehen, auch mein älterer Kollege langte manchmal zu. Die meisten Eltern hatten mir bei unserem Begrüßungsgespräch geraten, ihre Sprösslinge hart anzupacken. Natürlich konnten sie nicht ahnen, dass ich eine „Weltverbesserin" war. Bei mir sollte es keinen Druck und keine Strafe geben. Meine Erziehungsvorstellung hätte sich vielleicht realisieren lassen, wenn ich mich hätte abgrenzen können. Anfangs hatte ich ein kameradschaftliches, sehr angenehmes Verhältnis zu meinen Schülern, aber bald merkte ich, dass sie in mir nicht mehr die Lehrerin sehen wollten. Als Ihresgleichen hatte ich natürlich nicht mehr zu sagen als sie selbst. Ich habe damals sehr viel geweint- Resignation im stillen Kämmerchen- fühlte mich machtlos und handlungsunfähig.

Meine erste Lehrerstelle habe ich für genau ein Jahr und sechs Monate besetzt. In dieser Zeit dachte ich ständig über die Erziehung nach, konnte aber für mich nicht den richtigen Weg finden. Ich wusste, dass ich die Kinder auf keinen Fall schlagen wollte, merkte aber, dass sie mich mit meiner *weichen* Art nicht ernst nehmen wollten. Daher gab ich die Stelle schließlich auf. Um mich von den erlittenen Strapazen zu erholen, begab ich mich auf Reisen.

MEINE TRÄUME

26.1.84

Seit einigen Jahren sind meine Träume meine besten Helfer. Im Traum habe ich schon manches Problem gelöst. Häufig wache ich auf und weiß genau, was ich tun werde, weil ich einen Hinweis im Traum bekommen habe.

Heute Nacht hatte ich gleich drei Träume, die mir drei verschiedene Handlungsweisen aufzeigten. Aber bevor ich sie träumte, lag ich zwei Stunden wach und grübelte über mein Problem „Schule". Mir kamen Erinnerungen aus meiner eigenen Schulzeit. Ich fühlte mich als kleines Schulmädchen, das sich ganz verloren in der großen, dunklen Schule vorkam. Damals musste jeder Schüler, der das Gymnasium besuchen wollte, eine dreitägige Aufnahmeprüfung machen. Ich hatte die Grundschule in einem Dorf besucht und sollte als einzige Schülerin unseres Dorfes aufs Gymnasium.

Meine Eltern hatten mich in die neue Schule gebracht. Heute Nacht hatte ich plötzlich wieder den schrecklichen Schulgeruch in der Nase, mich erdrückten die dunklen Flure, Angst überfiel mich. In einem stickigen

Klassenraum mit viel zu großen Bänken mussten wir drei Tage lang *unser Bestes* geben. Ich hatte fürchterliche Angst, fühlte mich einsam und verspottet. Einmal hatte ich ein Bild gemalt und meinen Namen groß in die Mitte geschrieben. Das Bild wurde vom Lehrer hochgehalten mit der Bemerkung „dieses Kunstwerk hat eine ganz wichtige Persönlichkeit gemalt", und alle amüsierten sich köstlich darüber. Ich hätte vor Scham im Boden versinken mögen und war nur noch mehr bemüht, nun nichts mehr falsch zu machen.

Ich bestand die Prüfung und quälte mich von da an von einer Versetzung zur nächsten. In dieser Schule litt ich Höllenqualen. Besonders ein Lehrer hatte es auf mich abgesehen. Er stellte mich bloß, wann immer er konnte. Mit der Bemerkung „jetzt werden wir einen besonderen Genuss erleben", schickte er mich an die Tafel. Oft genug stand ich mit tränenden Augen davor und brachte kein Wort heraus.

Wärst du bei mir gewesen, Wut, hätte ich mich wehren können. Vielleicht wäre ich von der Schule geflogen, vielleicht hätte der Lehrer aber auch angefangen mich zu akzeptieren, auf jeden Fall wäre mein Schulleben anders verlaufen.

Heute Nacht fielen mir wieder einige der schlimmsten Vorfälle aus der damaligen Zeit ein. Sehr unruhig schlief ich ein und hatte meinen ersten Traum: ich ging als erwachsene Frau in der Stadt, in der ich besagtes Gymnasium besucht hatte, spazieren. Für Passanten wirkte ich sicher wie eine Touristin, denn ich sah mir alles genau an. Plötzlich hörte ich Musik und wusste, dass das ein Umzug meiner ehemaligen Schule war. Auf keinen Fall wollte ich diesen begegnen und fing an, zu laufen. Der Weg war sehr kurvenreich, und ich rutschte bei jeder Kurve aus. Außerdem kam ich kaum vorwärts. Doch bevor die Gruppe mich erreichen konnte, wachte ich auf.

Im Traum 1 hatte sich alles so abgespielt, wie ich es früher oft erlebt hatte. Bei schwierigen Situationen versuchte ich, Reißaus zu nehmen und kam mit einem blauen Auge davon. Schließlich habe sie mich nicht erwischt. Froh darüber, das mir die Flucht doch noch gelungen war, schlief ich wieder ein. Und hatte Traum 2:

Mit einigen meiner jetzigen Freunde ging ich durch ein großes Haus. Wir untersuchten Keller, Boden und viele Nebenräume. Ich glaube, es war meine ehemalige Schule, denn die Räume waren besonders dunkel und stickig, wie ich sie in Erinnerung habe. Auf unserem Weg mussten wir über ein großes Gerüst. Ich ging als letzte. Der Abstieg war ziemlich kompliziert, und ich traute mich nicht. Nun saß ich oben, alle anderen standen unten und redeten mir gut zu. „Kann doch garnichts passieren, wir passen auf!". Aber ich saß da und fing an zu weinen. „ich kann nicht, es geht nicht", rief ich.

Als ich nach Traum 2 aufwachte, war ich sehr traurig. Auch diese Situation hatte ich oft erlebt: Ein Problem sollte gelöst werden. Ich wusste, dass ich etwas tun konnte, traute mich aber nicht und zog es vor, zu weinen. Diesen Traum hatte ich ganz häufig zu meiner Ehezeit. Da saß ich oft auf einem Berg, einer Brücke oder auf einem Gerüst und traute mich nicht herunter. Damals wusste ich auch, dass es nur *einen* Weg für meine Problemlösung gab: ich hätte mich von dem Mann trennen müssen, der selber so große Probleme mit sich herumschleppte, dass er durch die Situation- Ehe, zwei Kinder und fremdes Land- überfordert war. Hätte ich schon damals auf meine Träume geachtet, wäre mir klar geworden, was ich hätte tun müssen.

Heute habe ich diese Träume ganz selten, weil ich meine Probleme besser bearbeite und nicht mehr davonlaufe oder sie verdränge.

In dieser Nacht bot sich mir in Traum 3 eine neue, mir noch unbekannte Handlungsweise an. In der Hochschule, in der ich einige Seminare als Gasthörerin belegt habe, saß ich mit etwa zehn Studenten und Studentinnen in der Runde. Die Gruppe legte ab und zu eine Selbsterfahrungsstunde ein, in der jeder von sich und seinen Problemen erzählen durfte. Gerade hatte ein Student etwas sehr Ernstes und für ihn Wichtiges erzählt, als ein anderer fragte, ob er einen Witz erzählen durfte. Er tat es auch, und fast alle lachten. Ich ärgerte mich maßlos über soviel Desinteresse. Meine Wut wurde noch grösser, als alle jetzt eine Pause machen wollten. Ehe ich mich versah, schrie ich los: „Wisst ihr, was ihr seid? Die größten Scheißkerle, die ich kenne. Holzblöcke und Trampeltiere seid ihr, und mit sowas geb ich mich ab!"

Die Runde war sehr verlegen, ich aber fühlte mich unwahrscheinlich wohl. Endlich hatte ich rausgelassen, was ich schon immer rauslassen wollte.

Jetzt sitze ich hier vor der Schreibmaschine und weiß genau, warum ich diese drei Träume hatte! Mein Kopf weiß Bescheid, trotzdem bin ich mir noch nicht einig, wie ich heute Abend reagieren werde. Da gibt es eine Elternversammlung, zu der ich schon vor zwei Wochen geladen war. Ich möchte dort auf keinen Fall hingehen, bin aber dazu verpflichtet, weil ich im Vorstand sitze. An diesem Posten, den ich damals vor einem Jahr voller Optimismus angenommen hatte, rollt sich nun meine ganze Schulmisere ab. Damals habe ich mich wählen lassen, weil ich dachte, es wäre gut, wenn eine Frau im Vorstand säße. Außerdem fühlte ich mich auch auch etwas geschmeichelt, muss ich zugeben. Ich wurde durch diesen Posten wichtig. Aber schon bei unseren Fünfertreffen fühlte ich mich unwohl. Hatte ich mir vorgenommen, ordentlich „reinzupowern‘, merkte ich bald, dass ich dazu gar nicht in der Lage war. Schule ist Schule- egal aus welcher Sicht!

Wenn ich den adrett gekleideten, mit Krawatte versehenen grauen Herren in meinen Jeans gegenübersitze, fühle ich mich unwohl. Wir fünf sitzen alle in der Funktion als Elternteil, haben das gleiche Stimmrecht, die Herren sind nett zu mir, und trotzdem fühle ich mich in ihrer Gegenwart schwach und der Aufgabe nicht gewachsen. Um ehrlich zu sein, bin ich auch kaum an den Paragraphen und Verordnungen interessiert. Manchmal weiß ich nicht einmal, wovon die Rede ist. Ich langweile mich tödlich und trabe trotzdem jedes Mal wieder hin. Pflichtbewusst war ich schon immer! Als ich meine Tochter vor drei Monaten vom Gymnasium nahm, dachte ich, damit sei ich automatisch meiner Position enthoben. Das wäre mir der liebste Weg gewesen- ohne Anstrengung, einfach. Aber es kam anders. Mir wurde mitgeteilt, dass ich, weil ich noch ein Kind auf der Schule hätte, im Vorstand bleiben dürfe. Bei dieser Mitteilung hätte ich sofort sagen sollen, dass ich das Amt abgeben möchte. Ich habe mich aber nicht getraut! Warum bloß nicht? Den anderen Eltern wäre das doch egal gewesen! Sie hätten schnell jemand anders gehabt. Warum habe ich nicht einfach gesagt: „Der Posten ist nichts für mich"? Wovor hatte ich Angst? Wovor habe ich jetzt Angst? Sollte ich heute Abend hingehen und den Leuten sagen, dass dieses Amt nichts für mich ist und ich es deshalb abgeben möchte? Ja, diese Lösung gefällt mir.

Das Beispiel zeigt mir, das ich meine alte Verhaltensweise noch nicht abgelegt habe. Ich ‚funktioniere' noch genauso gut wie eh und je und kann nur schwer die Verantwortung für mich übernehmen, wenn ich mir nicht immer wieder bewusst mache, was da eigentlich läuft. Ich muss höllisch aufpassen, um nicht in meine alten Fehler zu verfallen.

Vor drei Jahren habe ich durch Zufall- gibt es Zufälle?- gehört, dass an der Hamburger Universität Leute gesucht wurden, die sich für eine Therapie mit Studenten zur Verfügung stellen sollten. Als ich das erste Mal dort hinfuhr, ahnte ich nicht, wie sehr sich mein Leben verändern sollte. Einmal in der Woche saß ich für eine Stunde einem netten Studenten gegenüber, der sich an mir *erprobte*. Von Anfang an fühlte ich mich gut bei ihm aufgehoben, doch zunächst war es mir sehr peinlich, soviel über mich zu reden. Das war ich überhaupt nicht gewohnt. In unserer Familie war es wichtig gewesen, dass wir bescheiden waren und uns im Hintergrund hielten. Darin war ich geübt. Nun fiel es mir schwer, über mich, meine Probleme und meine Bedürfnisse zu sprechen. Mit Hilfe von Robert gelang es mir, Widerstände auf zu lösen, die mich daran hinderten, über eigene Probleme zu sprechen. In diesen Sitzungen habe ich viel geweint, und zum ersten Mal konnte ich ein Stück Leid aus mir herauspressen.

Zum ersten Mal merkte ich, dass ich auch Bedürfnisse hatte. In den ersten Stunden gebrauchte ich auffallend oft das Wörtchen ‚muss'. Eigentlich sprach ich nur davon, dass ich etwas tun *muss*. Ich erinnere mich an den langen Prozess der *Umschulung* von ich *muss* zu ich *will*. Mein Leben hatte bis dahin überwiegend aus Pflichten bestanden.

AUSEINANDERSETZUNG

28.1.84

Strahlende Sonne, glitzernder Schnee- das ideale Wetter zum Spazieren gehen. Ich bin eine leidenschaftliche Wanderin. Aber heute will keine Wanderlust aufkommen. Ich habe schlechte Laune und die lässt sich nicht so einfach verdrängen. Da hat sich was verändert. Bislang war es so, dass schlechte Gefühle verflogen, wenn ich meinen Fuß in die Natur setzte. Das scheint vorbei zu sein. Diesmal lässt du dich nicht abschütteln, Wut. Du hast mich beim Wort genommen, stellst dich ein, wenn du Lust dazu hast. Du hast mir den Spaziergang verdorben. Ich musste umkehren, hierher zurück, zurück an die Maschine, damit ich mich besser mit dir auseinandersetzen kann. Es ist anstrengend mit dir, aber durch dich werde ich ehrlicher. Du forderst mich dazu heraus, auf mich zu hören, mich ernst zu nehmen.

Manchmal denke ich, mein Leben früher war einfacher, als ich mich noch nicht so sehr für meine Gefühle und Bedürfnisse sensibilisiert hatte. Ich kannte viele Ablenkungsmanöver für unangenehme Gefühle. Es gab genug Ecken und Winkel in mir, in denen schlechte Gefühle verschwinden konnten. Aber wenn ich an die viele Weinerei denke, dann muss ich mich schütteln. Brrrrrrrrrr! Unangenehme Dinge lassen sich nicht auf Dauer verdrängen. In irgendeiner Form erscheinen sie wieder, vielleicht in Krankheiten oder Depressionen oder Unfällen. Bei mir kamen sie in Form eines Hautausschlags, der vor 8 Jahren das erste Mal auftauchte. Zuerst trat er ein bis zweimal im Jahr auf, dann steigerte es sich, und ich litt mehrere Male im Jahr daran. Es war sehr unangenehm. Ich lief von Arzt zu Arzt, machte verschiedene Allergietests, aber nichts half. Seit einem Jahr habe ich den Ausschlag nicht mehr. Vielleicht bin ich ihn ja los, weil ich mich jetzt auch mit meinen schlechten Launen befasse und sie nicht in die Ecke dränge.

Ich weiß jetzt auch, warum ich schlechte Laune habe! In einem Gespräch mit einer Bekannten habe ich nicht das gesagt, was ich dachte. Ich habe mich über etwas geärgert, habe meinen Ärger jedoch geschluckt. Wir sprachen dann über belanglosere Dinge weiter und trennten uns mit freundlichen Worten. Ja, und ich wundere mich, dass sich wieder so etwas wie Ärger oder Wut einstellt. Das war ganz begründet! Es ist in Ordnung, dass ihr euch nicht mehr verdrängen lasst!

Ach, ich scheine euch zu idealisieren, meine Wut und mein Ärger! Ich hoffe, dass ich in Zukunft locker mit euch umgehen kann. Wenn ich mich ärgere, möchte ich auf der Stelle die Sache klären. Diese Unehrlichkeiten, die mir die Laune verderben, sollen aufhören!

ICH KANN MICH WEHREN!

6.2.84

Lange Zeit habe ich nicht an der Maschine gesessen, und es hat mir etwas gefehlt. Manchmal habe ich ein so großes Programm zu erledigen, dass ich für meine wichtigen Dinge kaum Zeit habe.

Als ich heute Morgen aufwachte, hatte ich wieder schlechte Laune. Du hattest mich einfach wieder aufgesucht, obwohl ich dich nicht wollte, Wut! Trotzdem habe ich dich nicht weggedrängt. Du warst da, so hattest du wohl einen Grund. Ich führte meine schlechte Laune spazieren, machte nicht einmal den Versuch, mein freundliches Gesicht aufzusetzen. Ich ging durch die Straßen und dachte: „Ich bin wütend. Das ist ein Scheißgefühl, aber wenn es da ist, hat es auch einen Grund." Keine Verdrängung. Ganz bewusst nahm ich dich auf, Wut, und konnte so auch näher auf dich eingehen. Es gefällt mir, wie ich mit dir umgehe! Beim Einkaufen, beim Kochen habe ich mir überlegt, warum du schon wieder da bist. Tatsächlich habe ich für mich herausgefunden, warum ich nicht heiter und vergnügt aufgewacht bin. Wieder einmal war meine Unehrlichkeit schuld. Wieder einmal hatte ich in einem Gespräch nicht gesagt, was ich wirklich denke. Das Gespräch war schon am Tag vorher gewesen. Ich bin missmutig ins Bett gegangen und habe entsprechend schlecht geträumt. Ich weiß jetzt, warum ich soviel Wert darauf lege, darüber Bescheid zu wissen, woher die schlechte Laune oder Wut stammt. Immer wenn ich das herausgefunden habe, geht es mir besser, weil ich dann anders handeln kann. Ich gehe der Ursache auf den Grund und bin nicht mehr damit beschäftigt, gute Laune zu bekommen. Verflixt, wieviel Energien musste ich dafür verwenden.

Mir geht es jetzt sehr gut, schon weil ich mir vorgenommen habe, meiner Gesprächspartnerin von gestern von meinem Unmut zu erzählen. Vielleicht ist es ihr ja ähnlich ergangen? Ich will nicht mehr unehrlich sein!

Mir geht es jetzt auch deshalb gut, weil ich vorhin einen großen Erfolg im Umgang mit meiner Wut hatte. In der Hochschule saß ich mit einigen Studenten und einem Dozenten traut im Gespräch zusammen. Der Dozent holte eine Zigarette heraus und wollte sie anzünden. Eine Studentin bat ihn darum, nicht in diesem Raum, zu rauchen. Er lächelte in sich hinein und steckte sich seelenruhig die Zigarette an. Obwohl mich der Rauch nicht störte, wurde ich wahnsinnig wütend. Einen Moment sah ich mir den Streit zwischen den beiden an. Sie: „Bitte, geh mit deiner Zigarette raus. Ich habe starke Kopfschmerzen und kann den Rauch nicht vertragen." Er: „Na und? Ich habe Lust hier zu rauchen. „Natürlich war das eine offensichtliche Provokation. Die Studentin sollte lernen, sich durchzusetzen. Als ich merkte, dass sie gehen wollte, explodierte ich. Ich beschimpfte den Übeltäter und zerrte ihn schließlich unter dem Gelächter der anderen vor die Tür. Auch wenn die Situation halb spaßig war, verschaffte sie mir doch eine große Genugtuung. Ich weiß, dass ich mich wehren kann. Ich kann mich wehren! Das ist ein großer Sieg!

Ich kenne viele Frauen, die sich sehnlichst wünschen, irgendwelche Typen, die sie anmachen, die entsprechende Abfuhr zu erteilen. Die trauen sich oft nicht aus Angst, doch den kürzeren zu ziehen.

BEGEGNUNG MIT MEINER MUTTER

7.2.84

Heute Morgen geht es mir ausgesprochen gut, obwohl es draußen sehr ungemütlich ist. Ich hatte einen schönen Traum, der noch in mir wirkt:

Meine Mutter ist mir begegnet, d.h. ich konnte sie spüren und hören. Meine Mutter ist vor einem halben Jahr gestorben und es gab bis zu ihrem Tod einige Unklarheiten zwischen uns. Sie machte sich große Sorgen um meine Zukunft und konnte mir nicht verzeihen, dass ich meinen guten Beruf aufgegeben habe. Bei diesem Thema hatte es ständig Streit zwischen uns gegeben. Heute Nacht nun ist sie mir zum ersten Mal als Tote erschienen und hat mich voll akzeptiert. Sie sagte nämlich: „Es ist gut, dass du dein Leben selbst gestaltest, dass du dich nicht mehr leben lässt. Hätte auch ich mir mehr Freiheiten genommen, wäre ich nicht an Krebs gestorben." Vielleicht war das ein Wunschtraum von mir. Immer schon wollte ich von meiner Mutter anerkannt werden. Vielleicht hat der Traum auch garnichts mit meiner Mutter zu tun? Das ist mir egal. Das einzige was zählt, ist, das er mich beruhigt hat. Ich nehme ihn als Zeichen. Wenn ich ehrlich bin, muss ich sagen, dass ich den Tod meiner Mutter noch nicht verarbeitet habe. Da gibt es eine Menge Schuldgefühle ihr gegenüber. Schließlich war ich nicht immer eine liebe Tochter, sondern war ständig darum bemüht, mein eigenes Ich zu finden. Ich glaubte, sie wollte es mir verwehren, und wir haben schwere Zeiten hinter uns. Ich wollte, dass sie mich akzeptiert, so wie sie das im Traum gemacht hat.

Mein Leben heute ist das aufregendste und spannendste, was ich mir denken kann. In mir brodelt, rumort und wütet es. Ständig bearbeite ich eine Sache in oder an mir. Jedes Mal denke ich, wenn das klar ist, ist erstmals alles in Ordnung. In Wirklichkeit sieht es so aus, dass ich nach einem gelösten Schritt gleich den nächsten machen muss, weil der sich aus dem anderen ergibt. Ich habe das Gefühl, als *entknote* ich mich. Als ich vor drei Jahren angefangen habe, mich mit mir auseinanderzusetzen, genauer hinzugucken, stieß ich immer wieder auf Verhaltensweisen, die mich an meiner „Entfaltung" hinderten. Ich denke, dass diese Störungen durch die Fremdbestimmungen entstanden sind, denen ich ausgesetzt war. Die längste Zeit meines bisherigen Lebens habe ich damit zugebracht, zu spüren, zu beobachten, zu erraten, was andere von mir erwarten. In meiner Kindheit wollte ich eine liebe Tochter sein, später eine liebe Ehefrau, dann eine liebe Mutter, eine gute Lehrerin, eine nette Nachbarin, eine treue Freundin. Bei diesen Bemühungen habe ich es gelernt, mich anzupassen, meine eigenen Gefühle nicht mehr wahrzunehmen. Es ist schwer sich selbst zu werden!

Als ich damals in meiner Therapie von der Ich-Muss-Haltung auf die Ich-Will-Haltung umgestiegen war, konnte ich meinen ersten wichtigen Schritt machen: ich konnte mir klar machen, dass der Beruf, den ich ausübte eigentlich nicht mehr von mir gewählt war. Schon nach kurzer Zeit stand fest: Ich will keine Lehrerin mehr sein! Zwar wusste ich nicht, was ich stattdessen sein wollte, aber auf keinen Fall eine Lehrerin! Nach dieser Erkenntnis konnte ich endlich anfangen zu handeln. Die äußeren Umstände sprachen aber alle gegen eine Aufgabe meines „sicheren Status". Immerhin musste ich zwei Kinder versorgen, die bis dahin keine Entbehrungen (in materieller Sicht) erlitten hatten. Mir war klar, dass ich nur ein Drittel des bisherigen Gehaltes zur Verfügung hätte. Das bedeutete, dass jeglicher Luxus aufgegeben werden musste, dass es keine Reisen mehr geben konnte, keine modernen neuen Kleider, kein Auto, kein Auswärts-Essen, nichts von alledem, was uns geläufig gewesen war. Dazu kam die Ungewissheit, was weiter werden sollte, denn ich hatte ja noch keine Alternative. Und dennoch stürzte ich mich mit Elan in die neue Situation. Zuerst lief ich allerdings ständig mit einem schlechtem Gewissen herum und konnte meine ehemaligen Kollegen nicht in die Augen sehen. Sie hielten schließlich durch, erfüllten ihre Pflicht. Ich erlebte meine neue Situation mit ambivalenten Gefühlen. Auf der einen Seite war ich stolz darüber, dass ich diesen großen Schritt einfach gewagt hatte, dass ich mir zutraute, damit fertig zu werden. Auf der anderen Seite fühlte ich mich als Versagerin und Schmarotzerin, denn schließlich lebte ich von der Arbeitslosenhilfe. Natürlich begann ich, ganz intensiv nach einer Alternative zu meinem ehemaligen Beruf zu suchen. Bewerbungsschreiben an verschiedene Hochschulen gingen ab, aber nach und nach stellte ich fest, dass es garnicht leicht war, irgendwo einzusteigen. Langsam gewöhnten wir uns an die neue Situation. Die Kinder, die mir anfangs Vorwürfe gemacht hatten, merkten, dass ich ruhiger wurde und mehr Zeit für sie hatte.

In dieser Zeit- meine Therapie war beendet, weil Robert sein Examen machen musste- lernte ich Ralf kennen. Ralf, ein 10 Jahre jüngerer Student aus G., platzte in mein Leben wie eine Granate. Er war nicht eingeplant, nicht vorgesehen, und dennoch glaube ich nicht an einen Zufall. Er gehörte damals unbedingt in mein Leben. Mit ihm konnte ich die ersten großen Knoten in mir lösen. Damals sprach ich ständig von einer Neugeburt.

Eine Neugeburt sah folgendermaßen aus: Durch irgendeinen äußeren Anlass (Ralf weigerte sich z.B., etwas zu tun, was sich von ihm erwartete) stürzte ich in einen tiefen Abgrund. Dabei erlitt ich Höllenqualen, glaubte, den Verstand zu verlieren oder vor Schmerzen sterben zu müssen. Manchmal dauerte so eine Schmerzphasen einige Stunden, manchmal einige Tage. Aber jedes Mal nach der allergrößten Schmerzerfahrung schoss ich in die Höhe. In mir jubelte und tobte es vor Vergnügen. Ich wurde ein *neuer Mensch*. Auf diese Weise entwickelte sich mein stabileres Selbstbewusstsein. Ich fing an, die Kräfte in mir zu bewundern, merkte plötzlich, dass alles, was ich zu einem schönen zufriedenen Leben brauchte, in mir steckte.

Nach und nach entdeckte ich Dinge in mir, die bis dahin total verschüttet waren. Z.B. meine Sexualität. Sie hatte ich in den letzten Jahren sehr vernachlässigt, hatte sie sogar für tot erklärt. Das war am einfachsten gewesen, weil meine sexuellen Erlebnisse, die ich bis dahin gehabt hatten, nicht sonderlich erfreulich gewesen sind. Die Männer, mit denen ich bislang zu tun gehabt hatte, waren wohl ziemlich enttäuscht über meine frigide Betthaltung. Darüber gesprochen habe ich mit niemanden damals, nicht einmal mit meiner besten Freundin. Eigentlich hatte ich meine Sexualität abgeschrieben, wollte nichts mehr mit ihr zu tun haben, bis Ralf kam. Ich weiß immer noch nicht genau, was da mit mir geschah. Plötzlich schmolz ich hin, war nur noch Körper.

Meinen Körper hatte ich bis dahin abgelehnt, fand ihn ständig zu dick, wollte ihn verstecken. Außerdem war mein Busen viel zu klein. Ralf mochte meinen Körper. Er fand ihn sogar schön und teilte es mir mit. Ich weiß nicht, ob es an der Anerkennung lag, die ich bekam, aber ich stellte eine Veränderung an mir fest. Mein Busen wurde voller, und meine Figur schlanker. Mir gefiel mein Körper plötzlich auch. Ich war erstaunt über diese Verwandlung, die sicherlich viel mit der

Bestätigung zu tun hatte. Damals konnte ich auch besser andere Teile an mir akzeptieren und hatte dadurch eine andere Ausstrahlung. Zwischendurch gab es wieder Rückfälle, ich fühlte mich dann nicht mehr so attraktiv- das mag wohl mit den Knoten zu tun haben- aber der Grund für ein gesundes Selbstbewusstsein wurde damals gelegt, und das hat sicher mit der Sexualität zu tun.

TABU

8.2.84

Heute wollte ich einen Ruhetag einlegen, nichts mit der Maschine zu tun haben, weil ich andere Dingen vernachlässige. Es geht aber nicht. Ich muss wieder einiges loswerden und klären.

Gestern habe ich gemerkt, wie ich ganz schnell über das Thema Sexualität hinweg huschen wollte. Wenn ich ganz ehrlich bin- und das ist ja mein Anliegen, ehrlich zu sein, mir und anderen gegenüber- muss ich gestehen, dass das Thema, Sexualität für mich noch keineswegs abgeschlossen ist, dass es sogar noch ziemlich unerledigt ist. Ich merke, wie die Vorstellung, dass meine Kinder lesen könnten, was ich über Sexualität denke, mir äußerst unangenehm ist. Dabei scheine ich sehr fortschrittlich zu sein. Ich sage zu meinen Freundinnen „für mich gibt es da keine Probleme mehr, weil ich weiß, dass ich nicht frigide bin." und merke garnicht, wie ich wieder dabei bin etwas zu verdrängen. Wenn ich durch die Straßen gehe und mir die Leute so ansehe, fällt es mir sehr schwer, sie mir als sexuelle Wesen vorzustellen. Ich habe das Gefühl, dass die meisten unserer Gesellschaft es ähnlich machen wie ich, dass sie nämlich dieses Thema überall aussparen, dass sie darum bemüht sind, nur nicht zuviel durchblicken zu lassen. Ich möchte dieses Tabu durchbrechen, möchte über dieses wichtige Thema reden und mich auch anders verhalten. Mein Frausein hat etwas mit der Sexualität zu tun, die Begegnung mit dem anderen Geschlecht und auch mit anderen Frauen hat etwas mit Sexualität zu tun.

Inzwischen habe ich gemerkt, dass das Totschweigen der Sexualität nicht nur ein Problem *meiner* Generation ist. In der Hochschule habe ich festgestellt, dass die viel jüngeren Studenten keineswegs großzügiger mit diesem Thema umgehen. Auch hier wird alles getan, um die eigene Sexualität auszuklammern. Wissenschaftliche Auseinandersetzungen über dieses Thema sind gerade noch zugelassen, aber ein Austauschen oder Besprechen der eigenen Erfahrungen, ein Klären der eigenen Probleme ist quasi unmöglich.

RALF

9.2.84

Wenn ich an Ralf denke, durchströmen mich warme Gefühle. Noch heute, obwohl die Beziehung abgeschlossen ist. Jetzt endlich kann ich ohne Trauer über den Verlust an ihn denken. Ich glaube, das war meine schwerste „Neugeburt". Ein Jahr habe ich für den Abschied gebraucht, konnte die Trennung nicht ertragen. Immer wieder versuchte ich verzweifelt, neuen Kontakt zu ihm zu bekommen. Er ging auf meine verzweifelten Briefe ein, wollte aber raus aus der Beziehung. Er wollte endlich seine Idealfrau kennenlernen, die ich nicht war. Inzwischen habe ich begriffen, dass dieser junge Mann, den ich mehr geliebt habe als seine Vorgänger, sich von mir lösen musste.

Zum ersten Mal seit ich mich an der Maschine mit meinen Problemen und meinen Erlebnissen auseinandersetze, habe ich Schwierigkeiten, zügig durchzuschreiben. Das beweist mir, dass ich dieses Thema „Ralf" zwar abgeschlossen habe, dass es aber zu lange in mir gebrodelt hat, als dass ich heute einfach so darüber berichten kann.

SEHNSUCHT

13.2.84

Da ist es wieder, das schreckliche Körpergefühl! Schwere Glieder, kleine Augen, allgemeine Trägheit, Unlust, Schlaffheit. Und wieder derselbe Haß auf so eine träge Frau. Dabei dachte ich, einen Schritt weitergekommen zu sein. Ich wollte mich doch in jeder Hinsicht tolerieren, auch wenn ich nicht topfit bin! Verdammt, warum fällt mir das so schwer? Es gibt nicht nur die Schokoladenseite im Leben! Jedes Mal die langen Überredungskünste von mir, dass diese unguten Gefühle auch dazu gehören. Ich weiß genau, dass ich mir gar nicht gut gefallen würde, wenn diese düstere Seite an mir fehlen würde. Am liebsten würde ich mich verkriechen, die unangenehmen Stunden überschlafen und wie neugeboren erwachen, glücklich und zufrieden. Ach, ich will diese utopischen Vorstellungen, die ich sowieso nicht ernst meine, lassen und meinen Ist-Zustand akzeptieren. Warum geht es mir heute Morgen so schlecht? Heute ist Montag. Übers Wochenende war ich mit einer Gruppe Studenten und Studentinnen bei einer Freizeitgestaltung in einem idyllischen Dorf zusammen. Mir haben die verschiedenen Aktivitäten viel Spaß gemacht. Drei

Tage lang habe ich versucht alle Wünsche und alles Unwohlsein anzumelden. Zweimal habe ich mich mit Leuten streiten müssen, weil mich ihre Äußerungen wütend gemacht haben. Aber dabei habe ich mich gut gefühlt, weil ich mich nicht verleugnen musste. Ich habe mich in einer Gruppe von Leuten, die mir nicht sehr nahe stehen, behaupten können, und dennoch bin ich nach meiner Rückkehr kaputt ins Bett gefallen, war völlig erschöpft und ausgelaucht. Ich glaube, dass mich die Tatsache, dass ich mich ständig auf andere Leute eingestellt habe, mich nicht einmal runtergezogen habe, so geschlaucht hat.

Als ich gestern Abend im Bett lag, überfiel mich eine große Traurigkeit. Drei Tage mit vielen Menschen zusammen zu sein und doch keine Nähe zu spüren, hat mich sehr traurig gestimmt. Plötzlich habe ich mich nach Nähe gesehnt und an Ralf gedacht. Wieder einmal merke ich, dass diese Episode immer noch nicht richtig abgeschlossen ist. Vor genau zwei Monaten hatte ich meinen letzten langen Brief an ihn geschrieben. Danach fühlte ich mich ruhig und meinte, nun sei alles vorbei. Und plötzlich wieder diese große Traurigkeit. Noch niemals in meinem Leben habe ich ich um jemanden so getrauert wie um ihn.

KUMPEL

15.2.84

Hätte mir vor 10 Jahren jemand gesagt, dass mein Leben einmal so spannend sein würde, hätte ich ihn nur ungläubig angesehen. Ich will nicht behaupten, dass ich mich früher gelangweilt hätte. Schließlich habe ich immer sehr viel unternommen, bin gereist, habe Ausstellungen besucht, habe mich zerstreut. Aber das alles ist gar nichts gegen das, was sich heute in mir abspielt. Dadurch dass mir sovieles bewusst wird, erscheint mir vieles im neuen Licht. Meine Wahrnehmung verändert sich.

Heute merke ich, dass wieder etwas ausgebrütet werden will. Schon als ich die Erinnerung an Ralf hatte, bemerkte ich, dass da eine Sache noch nicht abgeschlossen ist. Zwar weiß ich, dass die Beziehung so wie sie zwischen uns war, sich nicht wiederholen wird, aber ich weiß auch, dass ich den jungen Mann nicht zum letzten Mal gesehen habe. Da gibt es noch etwas zu erledigen, genau weiß ich nicht, was das sein wird. Die Spannung, die heute in mir herrscht, betrifft die Geschichte mit Ralf, aber auch meinen anderen Männergeschichten.

Vor etwa drei Wochen habe ich eine äußerst wichtige Beobachtung gemacht. Sie betrifft mein Verhältnis zu Männern und hat mich tief erschüttert. In einem Seminar für Familientherapie habe ich plötzlich entdeckt, dass ich mein minderwertiges Gefühl Männern gegenüber aus meiner Kindheit habe. Als drittes Kind (erste Tochter), ist es mir niemals gelungen, meine Brüder auch nur *annähernd* an Kraft, Intelligenz und Stärke zu erreichen. Ich fühlte mich ihnen immer unterlegen. Meine Brüder haben mich zwar nicht schlecht behandelt, aber plötzlich war mir klar, dass ich ständig darum bemüht war, von ihnen anerkannt zu werden. Aber gerade das habe ich niemals erreicht. Da ich mich vor meinen Brüdern klein und schwach fühlte, fühlte ich mich auch bei anderen Jungen unterlegen. Natürlich wurde mir das niemals bewusst, sonst hätte ich etwas dagegen tun können, z.B. mit ihnen darüber reden. Ich schleppte aber dieses Idealbild alles Männlichen mit mir herum, handelte bei meinen Männerbekanntschaften immer gleich und konnte nichts ändern. Zwar wunderte ich mich über die ständige Wiederholung (Wiederholungszwang heißt es in der modernen Psychologie). Meine Liebschaften endeten fast alle qualvoll für mich. Ständig hatte ich das Gefühl, dass ich missachtet wurde, ja, ich *lauerte* schon darauf. Ich prägte den Begriff „meine Männermisere" und konnte ganz offen darüber reden, aber ändern konnte ich nichts. Bis heute! Ich habe das Gefühl, dass sich etwas an meiner Misere ändert, und das macht mich aufgeregt.

Gestern Abend bin ich mit Jochen, einem sympathischen jungen Mann ein Bier trinken gegangen. Jochen habe ich vor einiger Zeit kennengelernt. Mein anfängliches Interesse war nicht nur ein kameradschaftliches. Als ich jedoch feststellte, dass er in mir einen guten Kumpel sah, konnte ich mich umstellen und von meinen ursprünglichen lassen. Wir begegneten uns also in kumpelhafter Manier, sprachen über unsere Schwierigkeiten, die wir mit unserem anderen Geschlecht hatten, über meine Männermisere. Wir verstanden uns gut.

Gestern Abend hatte ich mich besonders schön gemacht, weil ich plötzlich ein großes Bedürfnis spürte, von ihm auch als Frau anerkannt zu werden. Ich hätte gerne ein anerkennendes Wort von ihm gehört. Aber es kam anders. Als erstes erzählte mir Jochen, warum er mich angerufen hatte: Seine große Liebe wollte wieder einmal nichts von ihm wissen (das ist eine Gemeinsamkeit von uns, die uns auch stark verbindet:

wir haben beide eine große Liebe, die nichts von uns wissen will). Gut, Jochen fühlte sich also schlecht behandelt und wollte sich jetzt einfach mit jemanden treffen, von dem (der) er wusste, dass sie ihn mag. Heute Abend wollte er sich einfach mit mir wohlfühlen, vielleicht meine Anerkennung. Wir saßen also freundschaftlich zusammen, als von Jochen eine Bemerkung kam, die mich wahnsinnig ärgerte!

Weil ich mich in fürsorglicher Manier um ihn bemühte, nannte er mich einfach „Muttchen". Er nannte mich Muttchen, weil er mich auf meine Verhaltensweise aufmerksam machen wollte. Ich jedoch habe mit solchen Bemerkungen die größten Probleme, weil ich mit meinem Alter noch nicht ganz klar bin. Meine zehn Jahre, die ich älter bin als Jochen, machten mir doch zu schaffen. Das war auch eins der Hauptproblemen zwischen mir und Ralf- da habe ich mich ständig darum bemüht jünger auszusehen, fühlte mich geschmeichelt, wenn ich jünger geschätzt wurde. Am liebsten hätte ich diesen Idealfrauen entsprochen, die uns von den Reklametafeln anlächeln. Brrrrr!

Als Jochen mich also Muttchen nannte, schnappte ich ein, äußerte es aber nicht. Eine weitere Provokation folgte: er schwärmte mir plötzlich von anderen Frauen vor, die ihn stark anziehen würden. Er machte mich zu seinem Zechkumpel, mit dem er auch die kleinen Feinheiten besprechen kann. Das heißt, er *wollte* das machen, aber ich merke, dass das vorbei ist. So eine Rolle will ich nicht mehr spielen! Ich will nicht mehr Neutrum sein, sondern wenn ich mit einem Mann zusammen bin, will ich auch als Frau gesehen werden. Ich will weder nur Mutter noch Schwester sein, ich will *Frau* sein und als solche auch respektiert sein! Dieses Bedürfnis ist neu, eben geboren sozusagen. Wenn es sein muss, werde ich die Beziehung zu Jochen abbrechen. Auf keinen Fall will ich mich von ihm missachtet fühlen!

Ich bemerke da schon einen Widerspruch in mir- auf der einen Seite biete ich mich als Kumpelin an, teile mit ihm meinen Liebeskummer, und plötzlich möchte ich von ihm gesehen werden?

Ich spüre wieder einmal eine Ambivalenz der Gefühle, kann damit nicht umgehen und werde vielleicht einen guten Freund verlieren, weil ich keine andere Verhaltensweise für mich entdecken kann. Meine Freundschaften mit Frauen sind von ganz anderer Art. Von Frauen fühle ich mich angenommen. Ich brauche keine Verrenkungen zu machen, damit sie mich mit meiner ganzen Person ernst nehmen. Von Frauen fühle ich mich erkannt und anerkannt. Vielleicht verhalte ich mich mit ihnen aber auch eindeutiger?!

MEIN VATER

20.2.84

Inzwischen sind einige Tage vergangen, die ich brauchte, um Klarheiten in mir zu schaffen. Meine extreme Haltung dem netten Jochen gegenüber hat sich verändert und ich fühle mich ausgesprochen gut und erleichtert. Mit Jochen konnte ich ein Stück „Männermisere" beseitigen, ein Stück Schmerz raus lassen.

Bevor ich ihn zu einer Unterredung bitten konnte, durchlebte ich verschiedene Arten von Gefühlen. Ich wollte mich an ihm rächen, wollte ihn mit Kälte strafen, ihn nicht mehr beachten, mich von ihm zurückziehen. Während mir diese bösen Gedanken kamen, merkte ich, dass ich eigentlich gar nicht ihn meinte, schließlich hatte er sich gar nicht viel anders verhalten als sonst. Vielmehr wollte ich meinen *Vater* bestrafen! Warum hatte *er* mich nicht mehr beachtet, mir nicht mehr Liebe entgegengebracht, mich gleichgültig behandelt? Plötzlich wusste ich, dass die Schmerzen, die in mir steckten und die immer dann zum Vorschein kommen, wenn eine neue Beziehung angesagt ist, aus meiner Kindheit rühren! Mit meinen

Brüdern bin ich ja schon kurz vorher konfrontiert worden. Jetzt kommt mein Vater dran. Vor ein paar Tagen spürte ich einen unerträglichen Schmerz, wusste aber nicht, wie ich damit umgehen sollte. Mit diesem Gefühl traf ich mich dann mit Jochen. Ich sprach ganz offen über meine Gefühle zu ihm, über meine Verletztheit und über meine Absicht, mich ganz von ihm zu trennen. Er versicherte mir, dass er mich sehr gerne möge, dass er mich aber nicht *begehren* könne. Wir redeten intensiv miteinander, und plötzlich kam der Schmerz aus mir raus explodiert. Mit den Tränen kamen auch die Erinnerungen! Ganz klar sah ich das Buhlen um die Gunst meines Vaters. Meine Anstrengungen, die ich unternahm, um ihm zu gefallen, sah ich vor mir, auch die Tatsache, dass ich selten das von ihm bekam, was ich mir so sehr wünschte. Wie schmerzhaft die Erkenntnis, dass ich immer noch nicht mit dieser Buhlerei aufhören konnte! Ich wollte unbedingt anerkannt werden, und zwar in einer bestimmten Art und Weise. Fand mich ein Mann begehrenswert, so bemängelte ich, dass er meine Intelligenz nicht anerkannte. Dann hatte ich das Gefühl, nur ausgenutzt zu werden. Trafen wir uns auf der intellektuellen Ebene, war ich unglücklich darüber, dass ich nicht begehrenswert schien. Ich konnte keine

Beziehung eingehen, weil ich immer mehr wollte. Das was ich in meiner Kindheit nicht erhalten hatte, versuchte ich krampfhaft nachzuholen. In mir war inzwischen das Bild entstanden, dass ich seit eh und je für alle Männer völlig unattraktiv gewesen war. Wie erstaunt war ich, als ich bei der Bearbeitung mit Jochen plötzlich unzählige Situationen vor Augen hatte, in denen ich begehrt und umschwärmt wurde. Unter Tränen berichtete ich von erfolgreichen Festen, auf denen ich im Mittelpunkt gestanden hatte. Wie hatte sich das Bild in mir so verfälschen können? Mir fällt dazu ein Bericht über eine Frau ein, den ich neulich in einem Buch gelesen habe: Diese Frau stammt aus einer Professorenfamilie, hat selber den Doktortitel, ist hübsch und attraktiv, wird aber von schweren Depressionen gequält, weil sie sich minderwertig fühlt. Rein objektiv gesehen hat sie mehr als die meisten erreichen können, und dennoch ist sie unglücklich! Ein Beispiel für subjektives „krankhaftes" Empfinden.

Aber zurück zu mir: ich weinte die zurückgehaltenen Kindertränen heraus. Jochen umarmte mich, zeigte mir, dass ich ihm wichtig bin, und so konnte ich ihn plötzlich als guten Freund, als *Menschen* wahrnehmen. Ich weiß nicht, wie ich es sonst sagen soll. Dadurch, dass ich mich öffnete, dass ich mich als *Mensch* zeigte, konnte ich ihn auch so wahrnehmen, glaube ich.

Diese Geburt, die ich gestern erlebte, war sehr schmerzhaft wie alle anderen Geburten auch. Seit drei Jahren arbeite ich schon intensiv an mir. Die ersten Veränderungen geschahen nur langsam, und damals sank ich zunächst in Untiefen, aus denen ich mich niemals zu befreien können glaubte. Alle „Geburten" hatten etwas gemeinsam. Jedes Mal wenn sie vollbracht waren, meinte ich, das sei die letzte gewesen. Nun sei alles in mir glatt und geregelt. Zunächst war ich sehr erstaunt, dass die einmal in Gang gekommene Entwicklung nicht aufhören wollte. Inzwischen weiß ich und habe ich mich daran gewöhnt, dass die Knoten in mir alle entknotet werden wollen. Da lässt sich keiner einfach beiseiteschieben.

MEINE KINDER

21.2.84

Das ist doch kaum zu glauben! Gerade habe ich eine Sache unter größten Schmerzen beendet, da geht die nächste Geschichte los. Ich hätte mir gern eine Pause gegönnt. Aber der Schwall lässt sich nicht mehr aufhalten. Ich habe keinen Einfluss mehr auf meine Geburten. Für mich gib es keine Pille, die mich vor etwaigen Folgen schützt. O, verdammt das tut so weh! Diese neuen Schmerzen sind kaum auszuhalten. Und dabei sind das erst die Anfangswehen! O.K. ich wehre mich nicht weiter dagegen! Ich will ja mein Leben akzeptieren, will hingucken, nichts mehr verdrängen, will mich stellen!

Diesmal betrifft der Schmerz meine Kinder, meine von mir sehr geliebten Kinder. Vorgestern habe ich noch darüber Tränen vergossen, dass mein Vater nicht das gegeben hat, was *ich* brauchte. Heute weiß ich darüber, dass *ich* meinen Kindern nicht das gegeben habe, was *sie* brauchten.

Nach einem langen Gespräch mit einer Freundin war mir gestern schon einiges klar geworden. Wir hatten über ihre Kinder gesprochen und natürlich gab es ein paar Bemerkungen über meine Sprösslinge. Als ich heute Morgen aufstand und das traurige Gesicht meines Sohnes sah, überfiel mich eine große Trauer, die mich fast erschlug. Ich habe mich mit meinen Kindern bis jetzt eigentlich ganz wohl gefühlt. Wir zanken uns zwar oft in letzter Zeit, sicherlich ist es auch nicht sehr leise bei uns, aber wir vertragen uns auch immer wieder. Meine Kinder sind beide in der Pubertät. Beide versuchen, sich von mir zu lösen. Das ist ein ganz normaler Weg, den ich auch akzeptieren möchte. Aber auf einmal schleichen sich die abscheulichen Schuldgefühle ein. Warum machen beide eine so große Veränderung durch? Meine Tochter, das erste Kind, musste das Gymnasium verlassen, weil sie ohne jedes Interesse dort ihre Zeit absaß. Ihre neuen Freunde und Freundinnen sind Leute, mit denen ich nicht viel anfangen kann. Ich habe Angst, dass meine Tochter langsam verblödet.

Mein Sohn, der ein Jahr jünger ist, macht einen traurigen Eindruck. Er meint, dass ihn keiner mag.

Probleme in de Pubertät sind normal, aber kann ich sie als Mutter auffangen? Hätte ich schon einiges tun können, um allzu große Schwierigkeiten abzuwenden?

Fragen und Beschuldigungen, die mir zu schaffen machen....

An Tagen wie heute hilft mir nur das Schreiben. Ich kann mit mir nichts anfangen, bin traurig und möchte schon wieder weinen. Mit solchen Gefühlen kann ich überhaupt nicht umgehen und manchmal frage ich mich, wie ich bis jetzt mit meinem Leben fertig geworden bin. Was habe ich früher gemacht, wenn diese unglücklichen Augenblicke mich überfielen? Heute setze ich mich an die Maschine und und halte Zwiegespräche mit mir. Jedes Mal stelle ich fest, wenn ich meine Gefühle- auch die *schlimmen* – zulasse, dass es mir dann sofort besser geht. Mein heutiges ausgelauchtes Gefühl ist leicht erklärlich. Schließlich habe ich in letzter Zeit hart an mir gearbeitet und eine Menge erreicht. Jetzt bin ich leer und schlaff! Ich muss mich ausruhen werde auf meinen Körper hören.

KNOTEN IM BAUCH

27.3.84

Vier Wochen habe ich nichts mehr geschrieben. Ich habe alles sacken lassen und spürte endlich Ruhe. Jetzt sitze ich aber wieder hier, weil ich ein Problem, das mich sonst zu verschlingen droht, lösen will.

Vor vier Wochen noch glaubte ich, dass ich mein Männerproblem gelöst hätte. Heute spüre ich einen Druck im Bauch, der mich quält. Ich versuche tief durch zu atmen, um den Druck los zu werden. Aber es hilft nicht, ich habe das Gefühl, einen riesigen Kloß im Bauch zu haben, eine Klammer, die mich daran hindert, richtig durchzuatmen. Ich merke, wie mein Lebensfluss ins Stocken gerät, ich habe kalte Hände und fühle mich schwer. Am liebsten würde ich jetzt alles tun, um mich wieder wohl zu fühlen. Zum Beispiel Körperübungen. Dabei habe ich mal wieder vergessen, dass mir dieses schlechte Gefühl etwas mitteilen will. Der Kloß in meinem Bauch hat etwas mit meinem Männerproblem zu tun!

Ich kann sie nicht einfach fahren lassen, meine Idee vom Märchenprinzen! Ich klammere mich an die letzten Reste, traue mir einen Alleingang noch nicht zu, aber spüre trotzdem schon mein neues Leben.

Vor vier Wochen bin ich nämlich nach G. zu Ralf zu einem Abschiedsgespräch gefahren. Ich wollte die Sache, die mir so viel bedeutet hat, richtig zum Abschluss bringen. Ich wollte Positives und Negatives besprechen und dann gestärkt was Neues beginnen. Aber es kam anders: statt dass wir uns über unsere Trennung und ihre Beweggründe klar wurden, fielen wir uns in die Arme und verbrachten wieder eine schöne Nacht miteinander! Zwar verhielt ich mich anders als früher, ließ mich nicht einfach fallen und war auf der Hut. Ich versuchte meinen Märchenprinzen *kritisch* zu sehen, ließ das idealistische Bild, das ich von ihm hatte, zusammenfallen, aber trotzdem stellte ich im Geheimen wieder meine Forderungen. Diese Forderungen, die sich aus meiner Erwartungshaltung ergibt, hat mir schon so manches Glück zerstört. Könnte ich meine Erwartungen aufgeben, wäre ich ein ganzes Stück weiter. Ich glaube, dass ich von den Männern das erwarte, was mir mein Vater früher nicht gegeben hat. Kein Mann kann mir diese Wünsche erfüllen, weil meine Wünsche unerfüllbar sind! Ralf hatte sich voll auf mich eingelassen, und jetzt soll ich ihn loslassen? Noch niemals in meinem Leben habe ich etwas losgelassen. Ich habe niemals gelernt, Abschied zu nehmen. Dieses Mal ist es ernst, das spüre ich! Jahrelang habe ich nach meiner anderen Hälfte gesucht, verbohrt und vehement. In Ralf glaubte ich sie gefunden zu haben. Er hatte mich aus meinem sexuellen Dornröschenschlaf geweckt, hatte mir Leben eingehaucht. Mit ihm veränderte ich mein Aussehen, ich fühlte mich mit ihm viel hübscher als vorher. Jetzt, da ich das schreibe, merke ich, dass ich daran glaube, dass er mein Retter war. Wie kann ich aber jemanden, der mich retten soll, einfach gehen lassen? Warum kann ich seine Beteuerungen, dass er nichts mehr von mir will, nicht ernst nehmen und ersinne ständig neue Mittel und Wege, eine Fortsetzung unseres Umgangs miteinander zu erreichen?

Vier Wochen lang habe ich mich zurückgezogen, habe versucht, mir Klarheit zu verschaffen. Jetzt trage ich einen Knoten in mir, einen Knoten, der mich drückt und stört. Ich möchte diesen Knoten los werden, möchte mich öffnen für neues Leben! Der Knoten hemmt mich in meiner Wahrnehmung, er hemmt mich in meiner neuen Lebensführung, weil er ein Stück altes Leid ist. Ein Stück Unterjochung und

Anpassung. Noch habe ich Angst vor meinen eigenen Kräften, will mich noch nicht ganz zulassen. Aber ich spüre eine Veränderung. Lange kann ich diesen Knoten nicht mehr halten!

SELBSTVERWIRKLICHUNG

5.5.84

Selbstverwirklichung, Ichfindung- abgedroschene Begriffe und doch lassen sie mich nicht mehr los. Ich schwebe und schwelge, fühle mich, als sei ich verliebt! Ja, ich bin auch verliebt, zwar nicht in einen Mann, sondern ich bin verliebt in mein Leben, bin verliebt in meine Kinder, meine Katze, in die Vögel, die mich Morgens wecken, in die Sonne, in die Blumen, in die Frühlingsgerüche, in alles um mich herum.

Der Knoten, der mich solange belästigt hat, existiert nicht mehr! Seit ein paar Wochen habe ich vielleicht auch darum einen Bauch. Jahrzentelang hatte ich meinen Bauch eingezogen, lief als flachbäuchige Frau herum. Ich hatte mir nie klargemacht was „Bauch rein" bedeutete. Das war nicht nur eine Schönheitsfrage, sondern eine Lebensphilosophie. „Bauch rein" heißt ‚reiß dich zusammen, halte dich fest, sei kontrolliert!' Diesen Muskel zu lockern, war eine Mordsarbeit! Das war der Knoten, den ich gespürt habe. Seit drei Wochen trage ich jetzt stolz meinen Bauch spazieren und es geht mir prächtig damit! Ich fühle mich in mir stimmig, meine Lebenssäfte können ungestört fließen.

Ich habe ein neues Lebensgefühl. Seit ich meinen Bauchmuskel loslassen kann, ruhe ich in mir und spüre mein Zentrum.

Natürlich geschah das nicht einfach so. Ein harter und schwerer Kampf war mal wieder nötig. Ich musste ein Verhaltensmuster aufgeben, an dem ich lange gehangen hatte. Die Idee, nur ein Mann kann mich retten, nur ein Mann kann mich aus meiner Einsamkeit befreien, musste aufgegeben werden. Ich habe plötzlich begriffen, dass mich ein Mann keineswegs aus meinem Alleinsein befreien kann! Jeder Mensch ist letzten Endes allein. Mich kann niemand erlösen als ich ganz allein. Diese Tatsache ist mir irgendwie klar geworden. Zwar hat sich meine äußere Lebenssituation nicht verändert. Es gibt immer noch keinen tollen Typen, der mir das Leben verschönt. Ich bin nach wie vor allein, aber es geht mir gut damit! Diese Idee, dass ich gerettet werden muss ist von mir gewichen. Ich spüre noch immer eine Sehnsucht nach Zärtlichkeit, ich kann aber besser damit umgehen. Es geht mir damit wie mit der anderen Zulassung der anderen Gefühle. Manchmal bin ich traurig, dann trauer ich. Weder gehe ich gegen meine Trauer, meine Wut, meine Sehnsucht an. Im Gegenteil, ich gucke mir genau an, was da ist und lasse es zu. Dadurch, dass ich meine Gefühle zulasse, habe ich viele Energien frei, die ich sonst immer für die Verdrängung brauchte.

Ich merke immer wieder, dass das Geheimnis des Lebens darin besteht, mich mit meinen Mängeln und Fehlern anzunehmen. Weil ich nichts mehr verdrängen oder verstecken muss, kann ich viel freier sein.

EIN JAHR SPÄTER

5.6.85

Inzwischen ist ein ganzes Jahr vergangen. Ich habe noch weitere Auf und Abs erlebt, habe aber gemerkt, dass die schwer erkämpfte Wut ein fester Bestandteil meines jetzigen Lebens geworden ist. Ich spüre manchmal sogar eine solche Kraft vor Wut, dass ich mich vor mir selber erschrecke. Ich, mit der man alles machen konnte, presche jetzt manchmal vorwärts wie eine Dampfmaschine. Ich hätte es nie vor möglich gehalten, dass ich mal so viel Kraft in mir spüren könnte.

Manchmal falle ich allerdings doch wieder zurück in meine alten Verhaltensmuster. Ich sitze dann da, zusammengekauert, schutzlos und schwach. In meiner Hilflosigkeit tu ich mir unendlich leid. Ich denke dann, dass es kein Mensch schlechter getroffen hat als ich. In solchen Moment fühle ich mich schwach und hilflos wie damals das kleine Mädchen, dass sich gegen die Großen nicht wehren konnte. Dann bin ich verloren und kann nicht aus der Situation heraus. Doch irgendwann erwache ich. Ich sehe, dass ich das kleine Mädchen nicht mehr bin! Ich springe auf meine

Füße und merke eine neue Handlungslust in mir aufsteigen. Und dann laufe ich zu der Freundin, die mich gerade verletzt hat, rede mit ihr und teile ihr meine Verletztheit mit. Oder ich gehe zu meiner Arbeitskollegin und beseitige mit ihr unsere Unstimmigkeiten. Ich tu was und komme somit raus aus der Starrheit.

Manchmal bin auch auf die ganze Welt sauer und fühle mich missachtet und verlassen. Dann sitze ich zu Hause, und plötzlich ist meine Einsamkeit nur noch Stärke!

„Mich braucht niemand zu retten!", schreit es dann in mir. „Ich rette mich selber!"

ENDE